CHABOUTÉ

TOUT SEUL

IMAGINATION n.f. Faculté qu'a l'être humain de se représenter par l'esprit des objets, des faits irréels ou perçus. Faculté d'inventer, de créer, de concevoir.

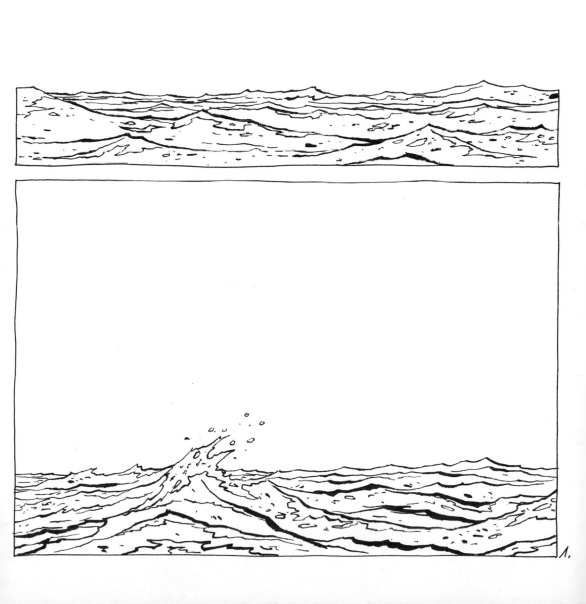

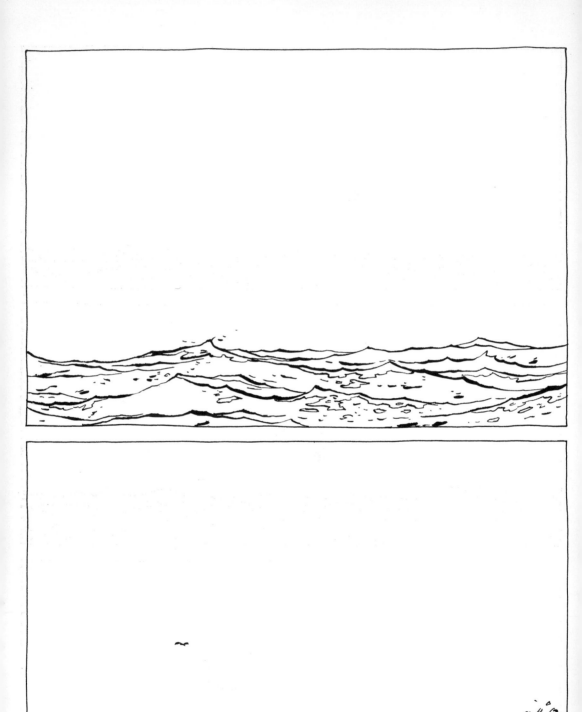

2

5.

6,

8,

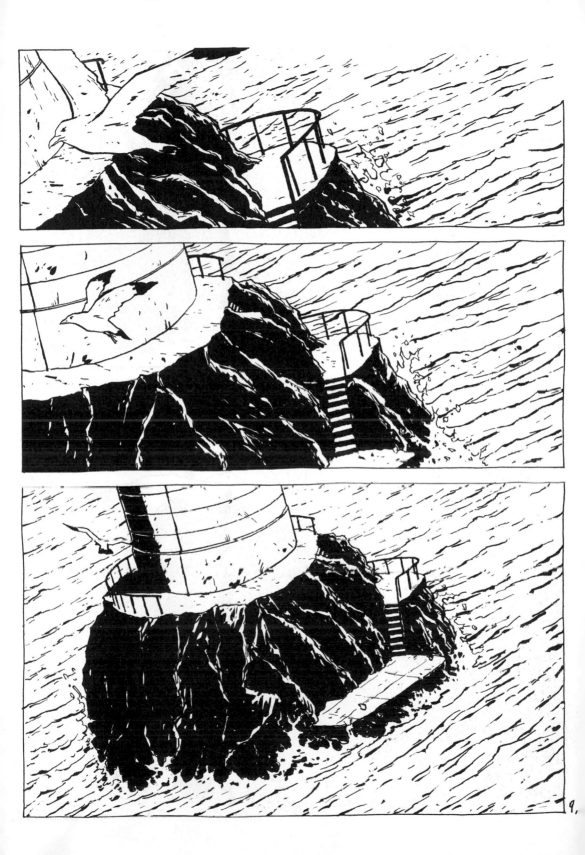

9.

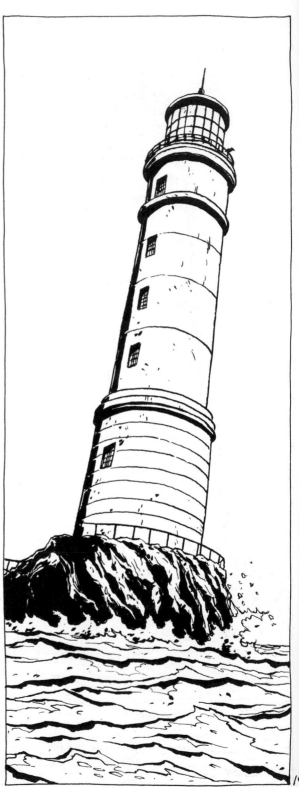

BooM

15.

21.

22

25.

BON DIEU DE BON DIEU!

TU VAS ME DÉGAGER D'ICI TOUT DE SUITE!!

POSE-MOI CES CAISSES, ET REMONTE À BORD !

TOUT DE SUITE !

29.

36

TU AS BEAU
ÊTRE NOUVEAU
DANS LA RÉGION,
N'OUBLIE PAS
QU'À BORD
C'EST MOI
QUI DONNE
LES ORDRES !!

"...ET QUE SI TU
TIENS À GARDER
CE BOULOT ..."

"...VA FALLOIR QUE
TU APPRENNES
À ÉCOUTER CE
QUE JE TE DIS !"

'DE DIEU!!

ÇA A LE PIED SUR UN BATEAU DEPUIS TROIS JOURS ET ÇA FAIT DÉJA LE MARIOLLE!

ET PRÉPARE LES CASIERS, BON DIEU! AU LIEU DE ME REGARDER COMME UN BIGORNEAU !!

BON
DIEU
DE
BON
DIEU!!

TU ME FAIS ENCORE LA GUEULE ?!!

TU M'AS TIRÉ LA TRONCHE TOUTE LA JOURNÉE!

QU'EST-CE QUE T'AS ?!!

BEN VAS-Y, ACCOUCHE !!

LE PHARE ...

... IL EST AUTOMATISÉ NON ?!

LES CAISSES NE SONT PLUS LÀ !!

37.

VOUS TRAFIQUEZ QUOI ??

DOPE? ARGENT SALE? ...CONTREBANDE?

J'AI EU MON LOT D'EMMERDES...

...JE NE VEUX PAS ÊTRE MÊLÉ À VOS MAGOUILLES!

AH! C'EST ÇA QUI TE TURLUPINE!!

HM!!

ENTRE AUTRES!...

PERSONNE NE T'EN A DONC PARLÉ AU VILLAGE?...

38

« PARLÉ DE QUOI ?

JE SUIS ARRIVÉ IL Y A UNE SEMAINE !!

LES CAISSES, C'EST DU RAVITAILLEMENT ...

... DE LA NOURRITURE !

EH OUAIS !!...

JE PASSE TOUTES LES SEMAINES DEPUIS DES ANNÉES ET JE DÉPOSE LES CAISSES SUR LE QUAI !!...

IL EST NÉ LÀ DEDANS!!

SA MÈRE A ACCOUCHÉ DANS LE PHARE!

IL A VÉCU AVEC SES PARENTS, LE PÈRE ÉTAIT LE GARDIEN!

ET PUIS SA MÈRE EST MORTE LA PREMIÈRE...

LE MÔME, LUI, EST RESTÉ DANS LE PHARE... ENFIN, LE MÔME... IL AVAIT VERS LES TRENTE-CINQ ANS...

IL DOIT AVOIR VERS LES CINQUANTE PIGES MAINTENANT...

IL Y A QUINZE ANS, SON PÈRE EST MORT...

4

"CE TYPE A JAMAIS MIS LES PIEDS À TERRE ..."

AVANT DE MOURIR, SON PÈRE M'A CONFIÉ TOUTES SES ÉCONOMIES, UNE VIE DE BOULOT, PUTAIN!!

ET IL M'A FAIT PROMETTRE DE LE RAVITAILLER RÉGULIÈREMENT.

42.

POURQUOI
?...

BEN ! POUR
QU'IL NE
MEURE PAS
DE FAIM !

IMBÉCILE !!

NAN !... POURQUOI IL N'A JAMAIS MIS
LES PIEDS À TERRE ?!

À CAUSE
DE SES
PARENTS !

IL EST NÉ
AVEC DES
MALFORMATIONS !

UN
MONSTRE...

...ILS L'ONT
TOUJOURS
GARDÉ
CACHÉ DANS
LE PHARE

...ILS AVAIENT
TROP HONTE !

ET PERSONNE NE FAIT RIEN OU NE POSE DE QUESTIONS?

LES ADMINISTRATIONS SAVENT QU'IL EST LÀ?...

...LES PHARES ET BALISES NE...

HA!! HA!!

ALORS ÇA!...

...AUCUN RISQUE!!

44

SON PÈRE A BIEN GOUPILLÉ TOUT ÇA...

...IL A RIEN LAISSÉ AU HASARD!

ET PUIS DANS LE COIN TU TE RENDRAS VITE COMPTE QUE C'EST CHACUN SES OIGNONS!!

ICI, ON S'OCCUPE PAS DES AFFAIRES DES AUTRES... ET ON AIME ENCORE MOINS CEUX QUI POSENT TROP DE QUESTIONS.

45.

COMME LES TROIS SINGES, ON DIT RIEN, ON VOIT RIEN, ON N'ENTEND RIEN ...

C'EST TOUT ! ...

ET VOUS L'AVEZ DÉJÀ VU ?

QUI ?

BEN, LE GARS DU PHARE !

NON, JAMAIS !

MAIS VOUS N'AVEZ JAMAIS EU ENVIE D'ALLER LE VOIR, DE LUI PARLER ?...

4

ÉCOUTE MON GARS...

...SON PÈRE M'A DEMANDÉ DE LE RAVITAILLER...

C'EST TOUT !!!

ET DEPUIS QUINZE ANS, PAR BEAU OU MAUVAIS TEMPS, JE DÉPOSE CES CAISSES TOUTES LES SEMAINES SUR LE QUAI !!

...ET DE TOUT L'ARGENT QUE LE VIEUX M'AS CONFIÉ, JE N'AI JAMAIS DÉPENSÉ LE MOINDRE SOU POUR AUTRE CHOSE QUE DE LA NOURRITURE, DES MÉDICAMENTS OU DES HAMEÇONS...

JE NE ME SUIS JAMAIS MIS LA MOINDRE PIÈCE EN POCHE !!

47.

LA PROMESSE À UN MORT C'EST SACRÉ !!

ET POUR LE RESTE...

... C'EST PAS MES OIGNONS.

SI VOUS NE L'AVEZ JAMAIS VU, COMMENT VOUS POUVEZ ÊTRE SÛR QU'IL EST ENCORE LÀ, OU VIVANT ?!

IL EST PEUT-ÊTRE MORT, DEPUIS LE TEMPS ?

4

49.

ALLEZ, PRENDS LA BARRE.

IL FAUT QUE TU APPRENNES UN PEU...

TOUT DOUX, HEIN! C'EST PAS UNE BAGNOLE...

IL S'APPELLE "TOUT SEUL"...

...ENFIN, C'EST COMME ÇA QU'ON L'A SURNOMMÉ!

JE NE CONNAIS MÊME PAS SON VRAI NOM ...

IL SE CACHE CHAQUE FOIS QUE QUELQU'UN APPROCHE DU ROCHER !

UNE VIE À TOURNER EN ROND SUR SON CAILLOU ...

ET QU'EST-CE QU'IL FAIT DE TOUTES SES JOURNÉES ?

5

BEN ÇA, TU VOIS, MON GARS...

...C'EST UNE QUESTION QUE JE NE ME SUIS JAMAIS POSÉE !...

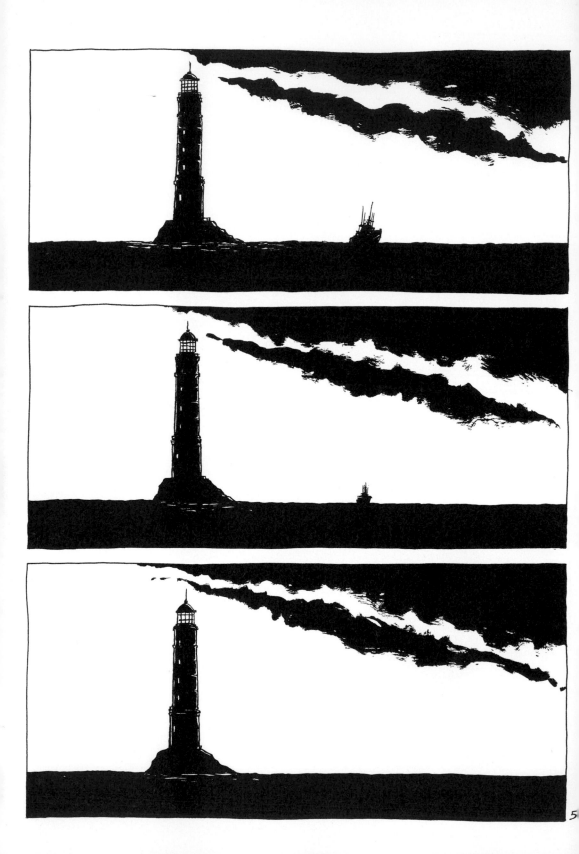

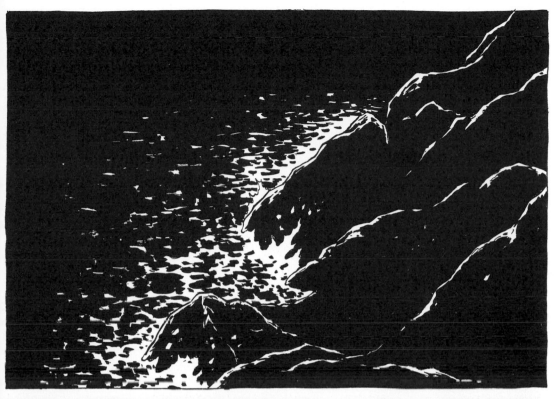

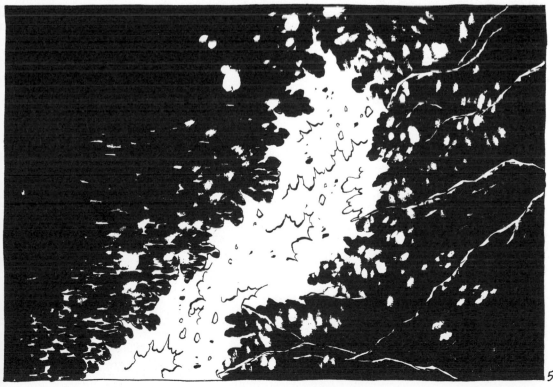

57.

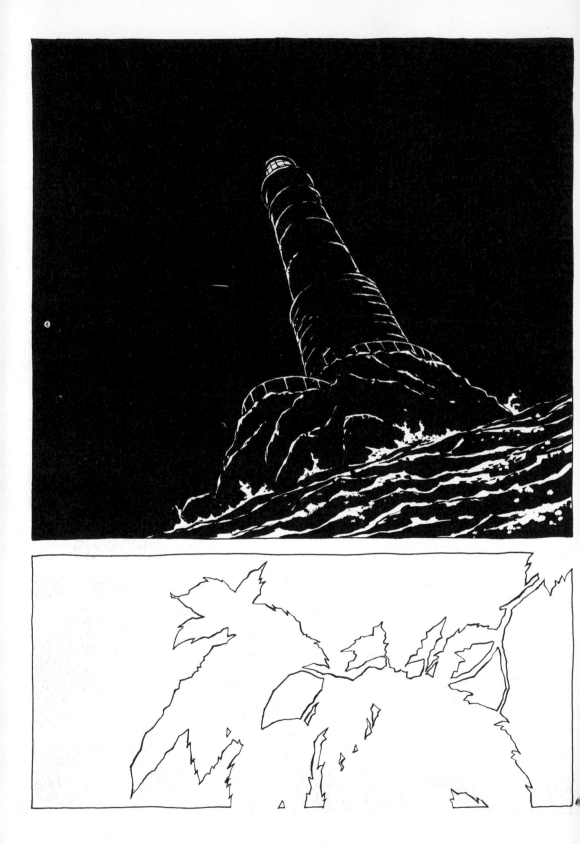

61.

63.

BooM

67.

IL DOIT ÊTRE MALHEUREUX !....

ET MALHEUREUX PAR RAPPORT À QUOI ? GROS MALIN ! ...

TU PEUX ME LE DIRE ?

IL N'A JAMAIS CONNU AUTRE CHOSE QUE SA TOUR DE PIERRE ET LA LIGNE D'HORIZON !

76

LUI AU MOINS, DANS SON PHARE...

...PERSONNE NE LUI CASSE LES...

ET PUIS TU VAS ARRÊTER DE M'EMMERDER AVEC CETTE HISTOIRE, HEIN !

72

73.

75

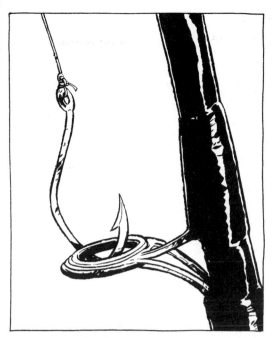

77.

80

87.

94

89.

Boom.

101.

105,

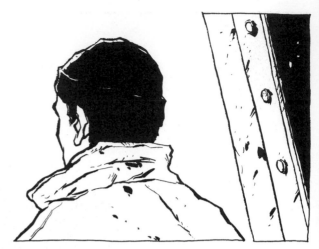

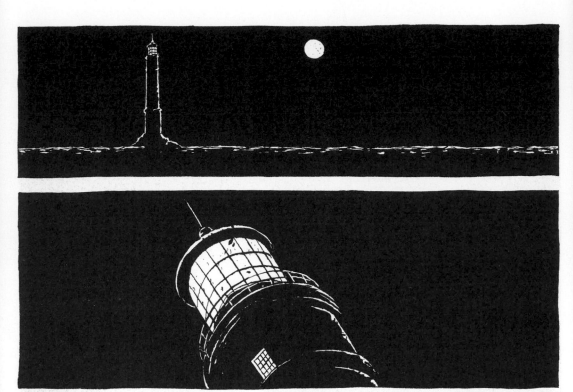

113.

BOOM

PODOLOG

116

compétition.

PODOLOGIE n.f. Étude de la physiologie et de la pathologie du pied.

~~OLOGUE~~ n. Spécialiste de podologie

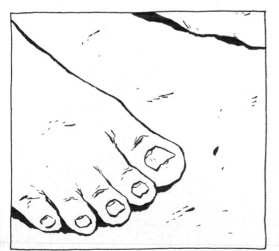
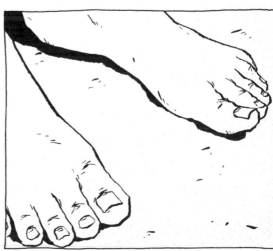

117.

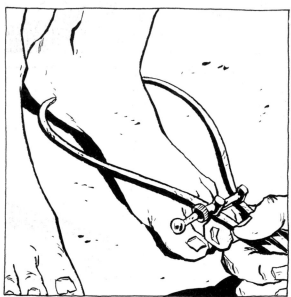

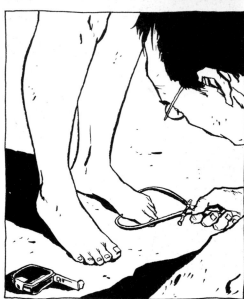

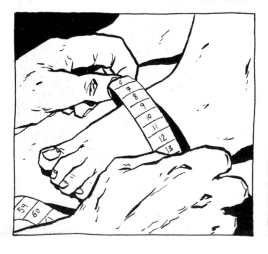

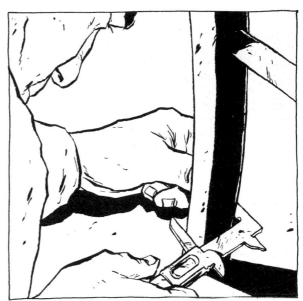
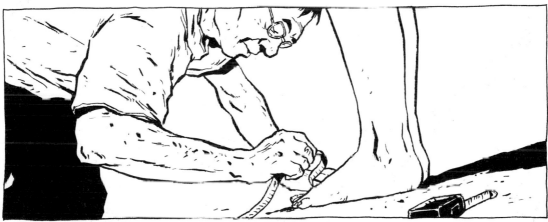

119.

121.

encombrant.

BATAILLE n.f. Combat important et général
tre deux armées. Lutte, combat violent,
de coups réels ou figurés.
ER v.i. Lutter. fig. Contester, se

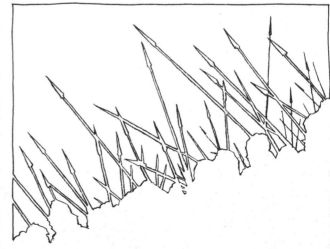

123.

125.

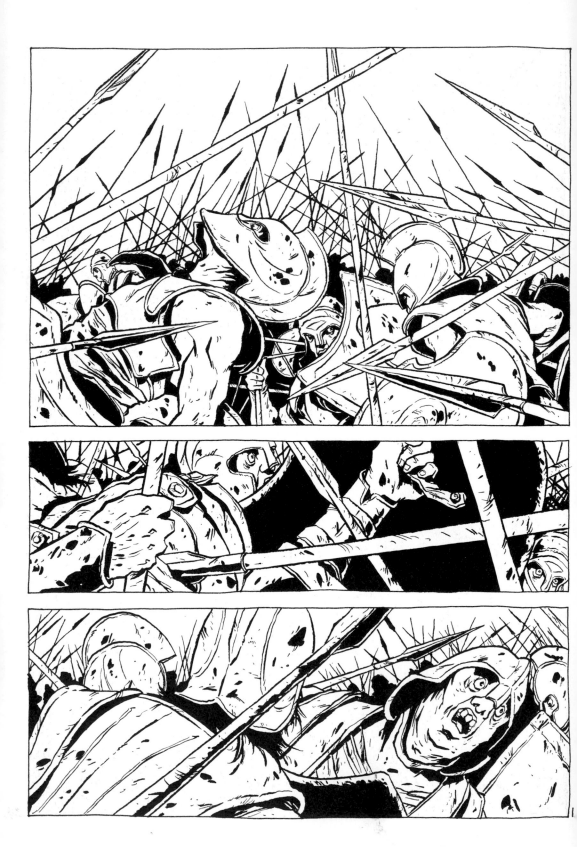

127.

129.

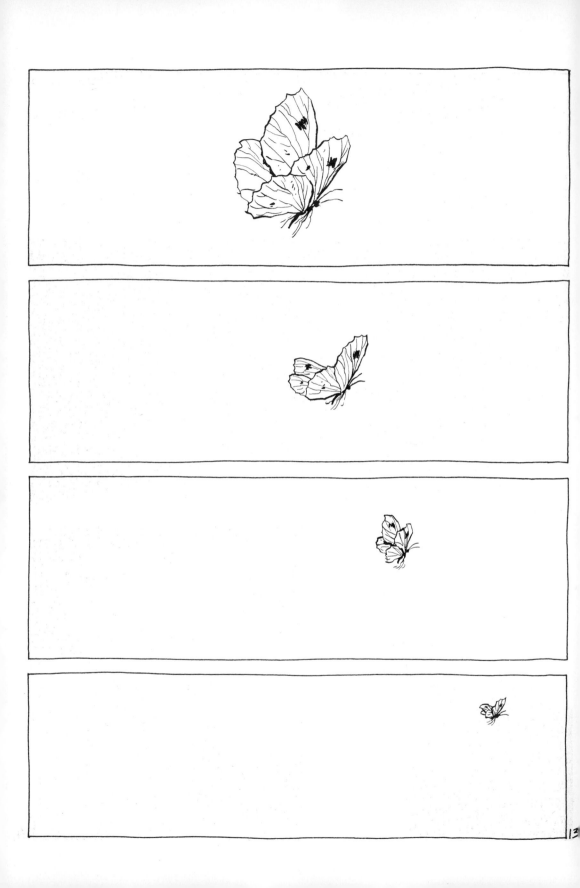

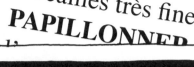

une fonction sensorielle.
PAPILLON n.m. Insecte lépidoptère adulte possédant quatre ailes colorées, couvertes d'écailles très fines.
PAPILLONNER

BooM

131.

13

133.

...ore des initiateurs du jazz classique.
ARMSTRONG *(Neil)*. Astronaute américain (né en 1930). Commandant la mission Apollo XI, il fut le premier homme à mettre le pied sur la Lune (21 juillet 1969).

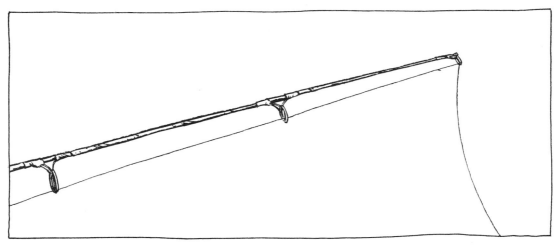

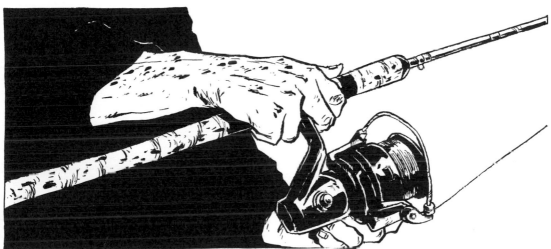

137.

13

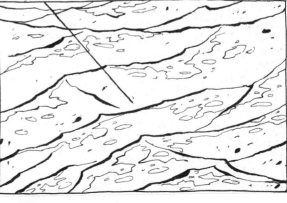

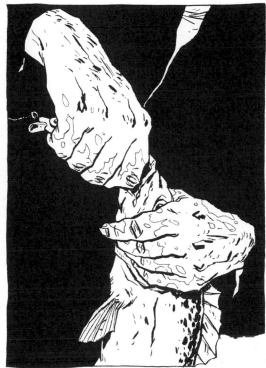

141.

14

EXCUSE - MOI !....

145

14

Booooom

campagne.
CHAMPIGNON n.m. Végétal cryptogame dépourvu de chlorophylle et incapable de photosynthèse, dont certaines espèces sont parasites de l'homme et des animaux.
~~CHAMPIGNONNIÈRE~~ n.f. Endroit où l'on

147.

BooM

HAUTBOIS n.m. Instrument de musique à trous et à clefs.

LABYRINTHE n.m. Édifice, attribué à Dédale, dont les pièces et les galeries étaient aménagées de telle sorte qu'il était pratiquement impossible, une fois entré, d'en trouver la sortie. Réseau compliqué de ... dans lesquels on s'oriente

153.

155

15.

159

160

161

religieuse

CONFETTI n.m. Rondelle de papier coloré, qu'on se lance dans les fêtes.

CONFIANCE n.f. Sentiment de sécurité de

162

16.

BooM

rrere cadet du ror.

MONSTRE n.m. Énorme bête imaginaire dont l'aspect est effrayant. Monstre hideux. Être présentant une malformation importante . Personne d'une laideur repoussante. Personne très méchante. Monstre sanguinaire. Un monstre de cruauté.

MONSTRUEUSEMENT adv. D'une manière monstrueuse.

166.

16

173.

175.

Qu'est-ce qui vous ferait plaisir ?

179.

ball.
FOOTING n.m. Marche, course à pied pratiquée dans un but hygiénique.
FOR n.m. *For intérieur*, la conscience

BOOM

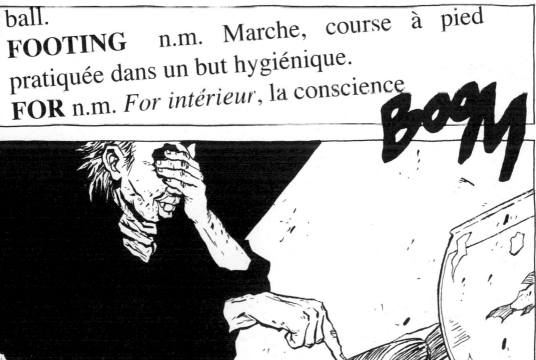

d'une manière solitaire

SOLITUDE, n.f. État d'une personne qui vit seule. Caractère d'un lieu isolé, désert.

SOLIVE, n.f. Pièce de charpente destinée à

BooM

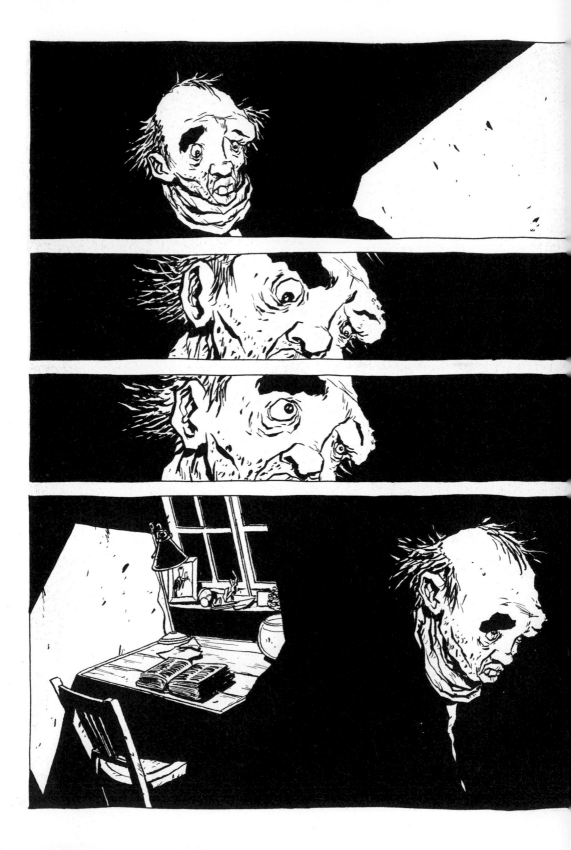

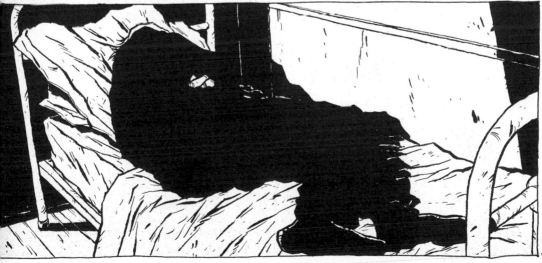

MONOCOTYLÉDONE n.f. Classe de végétaux phanérogames angiospermes dont la graine n'est constituée que d'un seul cotylédon.

MONOCRIS...

189

193

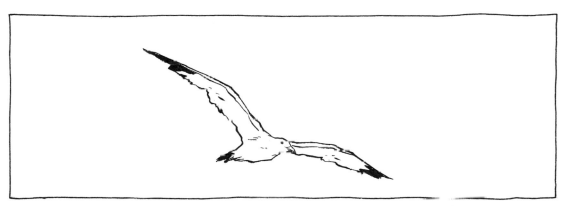

199

À TRIBORD !

À TR ...

À DROITE, ESPÈCE DE CONNE !!

BOUGE TON CUL !!

MAIS, KEVIN ...

2

DESCENDS!

MAIS ÇA VA PAS, NON ?!

DESCENDS JE TE DIS !!!

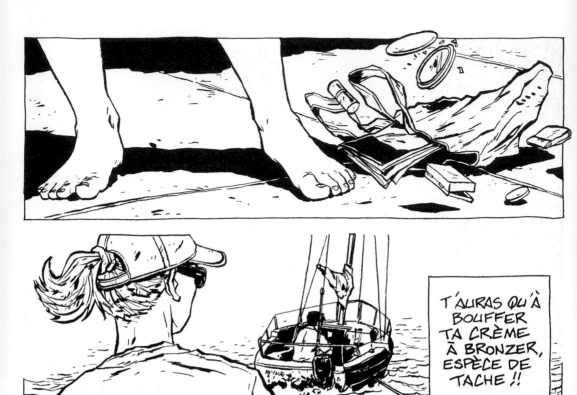

T'AURAS QU'À BOUFFER TA CRÈME À BRONZER, ESPÈCE DE TACHE !!

K... KEVIN !!

KEVIN !!

SALAUD !...

TU TE PRENDS POUR UN GRAND SKIPPER !

TU NAVIGUES QU'AU MOTEUR !

205

207.

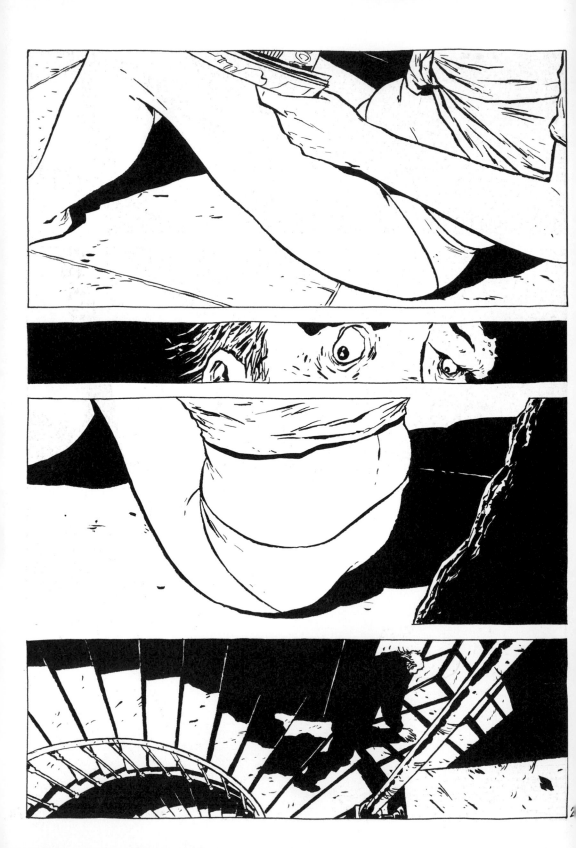

211

KEVIN!!

KEVIN, JE TE DEMANDE PARDON, JE ...

ALLEZ, EMBARQUE!

213.

215.

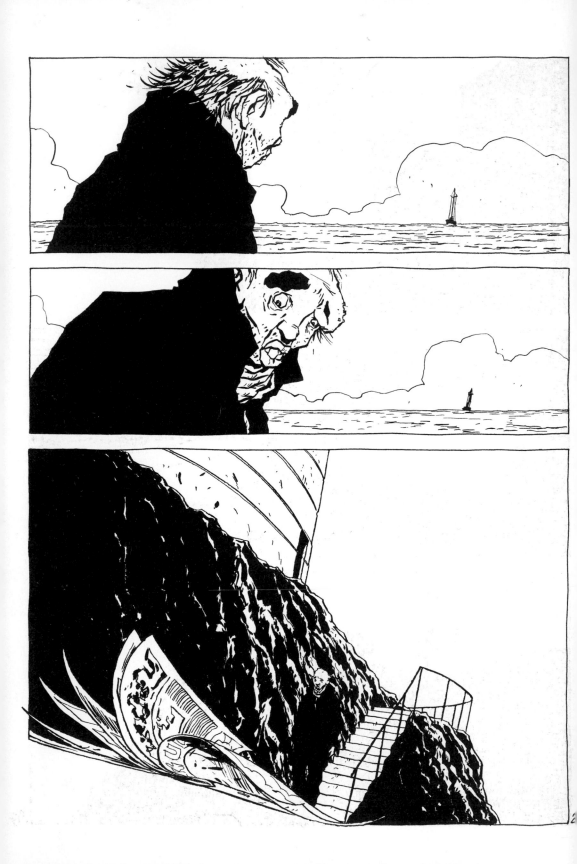

217.

OPÉRÉE D'URGENCE

SCOOP

CYNTHIA
"POURQUOI ON M'A ENLEVÉ MON ENFANT

ELSA SWEETY

Et elle continue à nier son anorexie ...

Pour la troisième fois en un an, l'actrice a assuré ne souffrir d'aucun trouble alimentaire. mais sa silhouette prouve le contraire

L'actrice maigrissime continue d'assurer qu'elle va bien, mais il faut dire qu les récentes apparitions d la star attestent qu'elle a quelques problèmes ...

219.

Depuis l'enfance, il se bat contre la dépression

Il y a quelques semaines, l'acteur tentait de se suicider

Alicia : " J'ai avorté contre mon gré"

Victime d'un médecin laxiste et d'une erreur médicale, elle a perdu son enfant.
"Quand je me suis réveillée, on m'avait ..."

ULTRAFASHION

223.

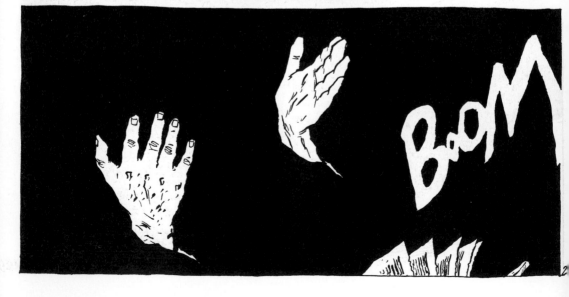

nombre

VOYAGE n.m. Déplacement d'une personne qui se rend en un lieu assez éloigné de celui où elle réside. – Un voyage touristique, professionnel, scientifique. Voyage d'affaires, d'études, de noces.

UN NAVIRE DE PIERRE IMMOBILE...

"UN BATEAU DE GRANIT QUI NE TANGUE PAS...

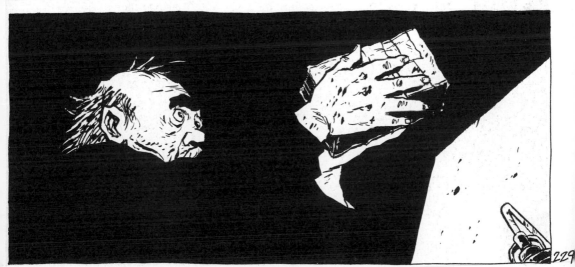

229

BooM

231

FARCE n.f. Tour joué à quelqu'un dans le but de faire rire, sans intention méchante. Petite pièce comique qui dépeint d'une manière

2

EEEEET ...

BOUH !!!

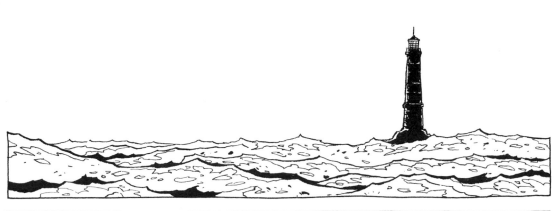

244

23

24-

Qu'est-ce qui vous ferait plaisir !
"DES IMAGES DU MONDE"

Boom!

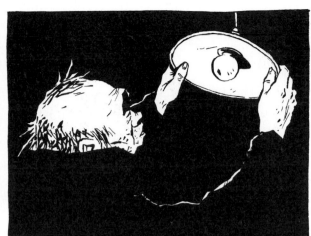

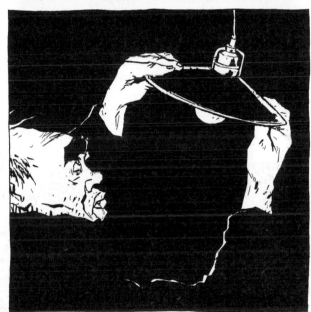

253.

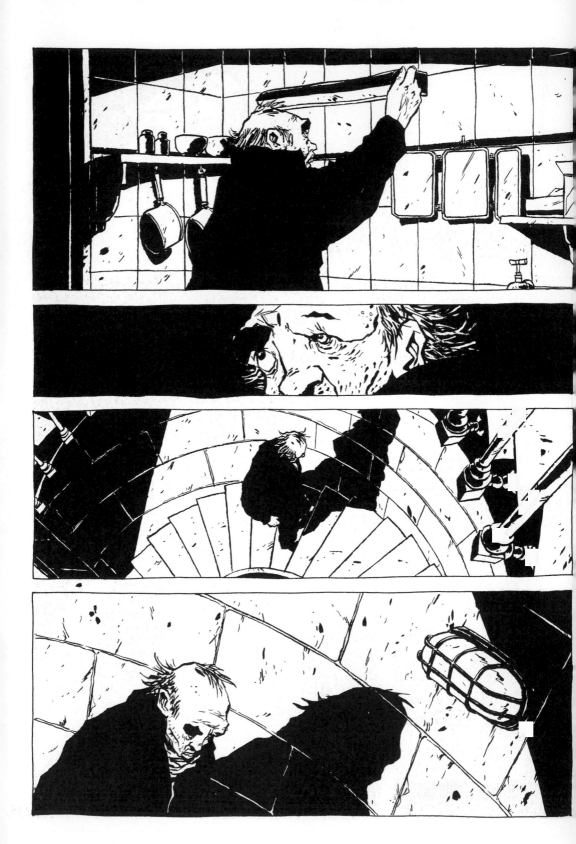

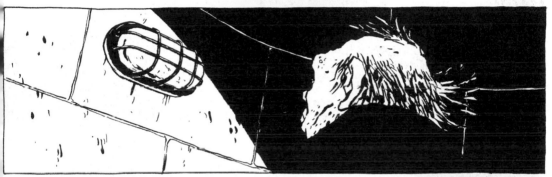

255.

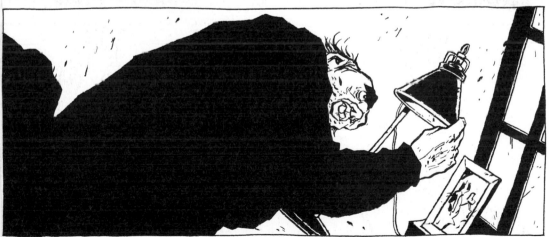

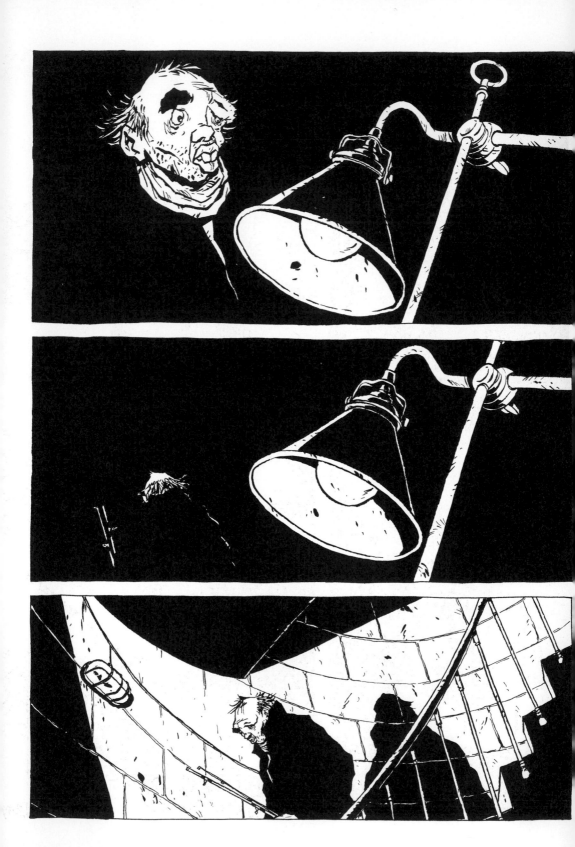

259

ALADIN, Personnage d'un conte des Mille et
Une Nuits, il découvre une lampe
merveilleuse habitée par un génie qui exauce
tous ses souhaits.

ALAGOAS, État du Nord-Est du Brésil :

COR n.m. Instrument de musique à vent, de la famille des cuivres, fait d'un tube conique enroulé sur lui-même et terminé par un large pavillon. Cor de chasse. Cor chromatique, à

270

265

autour d'un projet commun.

FÉE n.f. Personnage imaginaire représenté sous une forme féminine, possédant un pouvoir surnaturel et influençant le destin des êtres humains.

FÉERIE n.f. Monde fantastique des fées.

JE ...

OUI, JE SAIS ...

26

LÈVE-TOÍ ET APPROCHE-TOÍ DU MIROIR ...

26

TRÈS BIEN ...

ET MAINTENANT ...

... REGARDE-TOI !!

2

27

2

27

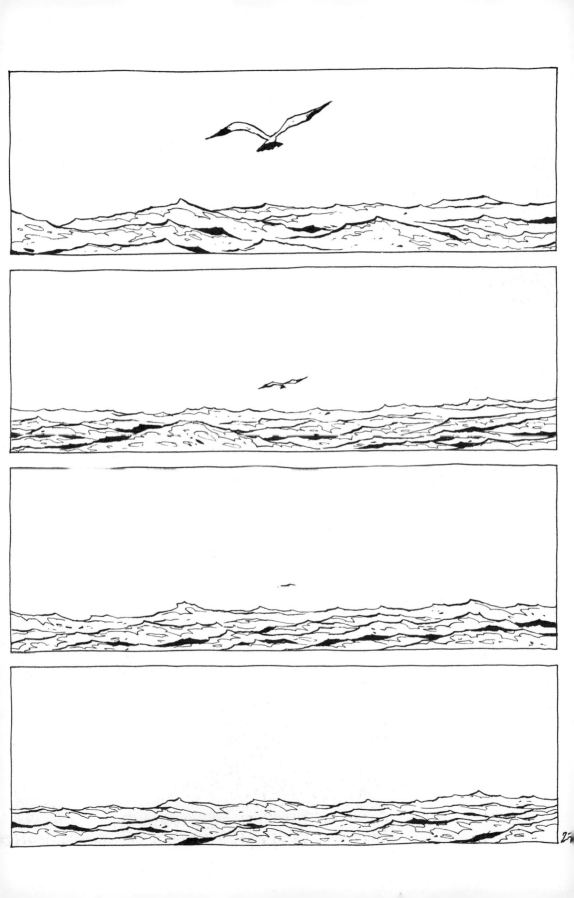

2

que.

SYMPHONIE n.f. Sonate pour orchestre caractérisée par la multiplicité des exécutants pour la partie instrumentale et par la diversité des timbres.

SYMPHONIQUE adj. Relatif à la

modifier

MÉTAPHORE n.f. Procédé rhétorique consistant à utiliser un terme concret dans un sens abstrait sans comparaison explicite (ex. : *une pluie de balles*).

MÉTAPHORIQUE adj. Qui tient de la métaphore : *style métaphorique*.

287

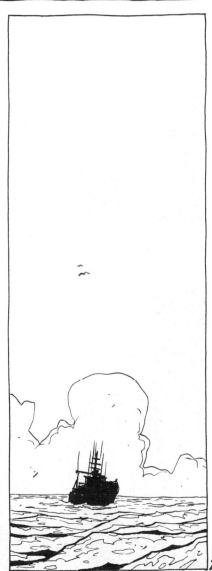

2

29.

DIS, T'ÉS VRAIMENT PAS CAUSANT COMME GARS HEIN !!

ÇA FAIT MAINTENANT SIX MOIS QUE TU BOSSES POUR MOI ...

...ET EN SIX MOIS, T'AS PAS DÉCROCHÉ PLUS DE DIX MOTS !

C'EST NORMAL, VOUS NE FAITES QUE BEUGLER !!

M... MOI JE BEUGLE ?!!

297

ON M'A BEUGLÉ DESSUS COMME VOUS PENDANT DIX ANS ...

... ET POUR CE QUI EST DE LA CONVERSATION ...

J'AI UN PEU PERDU L'HABITUDE !

... PERDU L'HABITUDE ?

ON PERD PAS L'HABITUDE DE CAUSER, C'EST QUOI CES CONNERIES !!

ET OÙ EST-CE QUE TU AS PERDU L'HABITUDE DE CAUSER, HEIN ?!

DAHLI

2

EN TAULE ...

ET ALORS! JE "M'EN FOUS QUE TU AIES FAIT DE LA TAULE !!

29

...ÉCOUTE,
JE...

C'EST PAS
DANS CE SENS
QUE JE VOULAIS
LE DIRE...T...
JE...

306

« ...ENFIN, TOUT LE MONDE A FAIT DES CONNERIES, QUOI ! ... »

« J'AI PAS À ME PLAINDRE DE TOI ... »

« ...T'ES UN BON GARS ! »

« ...BOSSEUR ET TOUT !! »

VOILÀ !

BON !!

...MAINTENANT AU BOULOT !

ET JE BEUGLE PAS !!

30

3

3

311

3

3

32

BooM

330

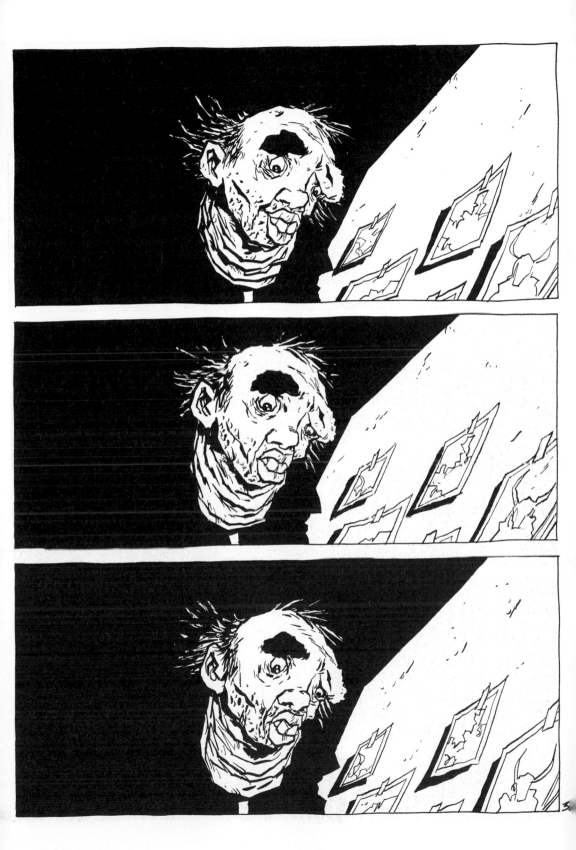

3

longs trajets.

ROUTINE n.f. Habitude prise d'agir ou de penser toujours de la même manière. Ensemble d'actions répétitives et monotones.

ROUTINIER, ÈRE adj. et n. Qui agit par routine, qui en a le caractère.

BOOM

obligations réciproques.

SYNAPOMORPHIE n.f. BIOL. Caractère dérivé (ou *apomorphie*) partagé par deux ou plusieurs taxons, seul valable pour établir un groupe scientifiquement valide.

SYNAPSE n.f. (gr. *sun*, avec, et *aptein*, ~~~~) HISTOL. Région de rapprochement

BooM

lumière.

PRISON n.f. Local où l'on enferme les accusés, les condamnés. *fig.* Maison sombre, triste. Emprisonnement.

PRISONNIER, ÈRE n. et adj. Qui est détenu

l'on enferme les

condamnés

triste. l

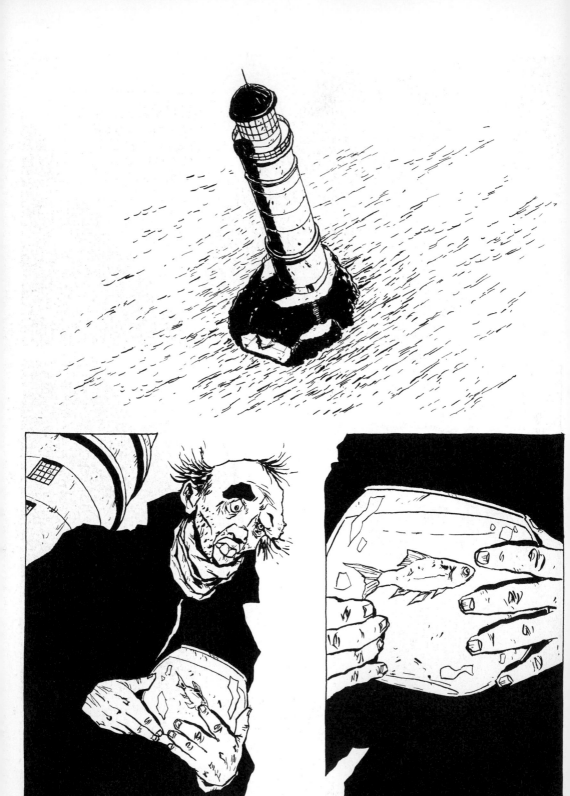

IL N'Y A AUCUNE RAISON POUR QUE TU RESTES ENFERMÉ TOI AUSSI !!

33

... ET BON COURAGE!

À TOI LE VASTE MONDE !!

IL EN FAUT !!

24

2

34

3

3

34

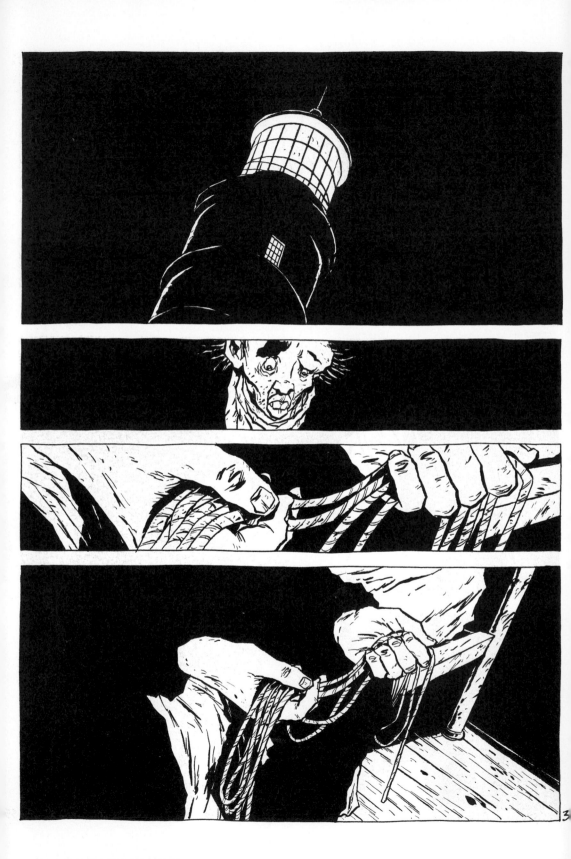

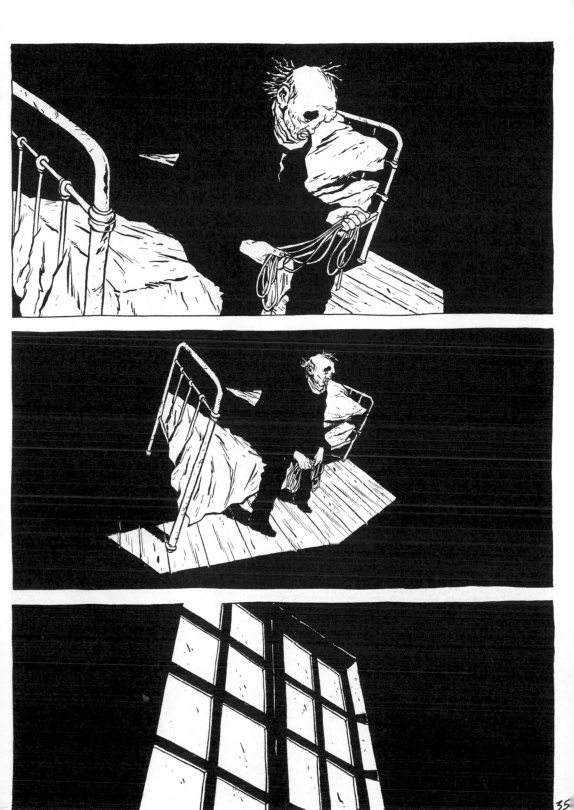

3

356

3

36

© 2008 Vents d'Ouest
31-33 rue Ernest Renan
91230 ISSY-LES-MOULINEAUX
www.ventsdouest.com

Tous droits réservés pour tous pays.
Dépôt légal : août 2008
ISBN : 978-2-7493-0429-8
Achevé d'imprimer en Italie en septembre 2008,
par l'imprimerie Legoprint